María Wagner Civera

Pablín, Pablón y la bruja Maruja

Ernst Klett Verlag
Stuttgart · Leipzig

Vorwort

¡Hola a todos!

Die Hexe Maruja und ihre Freunde, die Zwillinge Pablín und Pablón, kennt ihr vielleicht schon aus eurem Spanischbuch *¡Vamos! ¡Adelante! 1*. Dort sind die drei durch einen Zauber auf der Erde gelandet. In dieser Lektüre erfahrt ihr, wie die Geschichte weitergeht. Aber auch dann, wenn ihr den Text in *¡Vamos! ¡Adelante!* nicht gelesen habt, könnt ihr die Lektüre verstehen, denn am Anfang wird das, was bereits geschehen ist, noch einmal kurz zusammengefasst.

Im Text kommen Beispiele für eine Vergangenheitszeit (das *pretérito perfecto)* vor, die ihr bald lernen werdet. So könnt ihr euch schon mal damit vertraut machen. Auf den Seiten 25 und 26 erfahrt ihr mehr dazu.

In der Geschichte spielen Quizfragen eine große Rolle. Bei diesen könnt ihr auch selbst mitraten! Fast alle Antworten findet ihr in *¡Vamos! ¡Adelante! 1*, z. B. in den verschiedenen *Cajas de sorpresa* oder mithilfe der Landkarten hinten im Buch. Ob ihr richtig geraten habt, könnt ihr im *¡Vamos! ¡Adelante!*-Code gx5f64 nachlesen.

Und nun viel Spaß beim Schmökern und Rätseln!

Índice

Vorwort 2

1 La bruja Maruja, Pablín y Pablón 4

2 La caja de sorpresas 5

3 Estrellita 7

4 Fase 2 9

5 Sorpresa en la cafetería 11

6 Maruja tiene un problema 12

7 Fase 3 13

8 ¿Y si gana Paula? 17

9 Fase 4 18

10 La final 21

11 Viaje de vuelta y vuelta 24

Das *pretérito perfecto* 25

Ejercicios 27

1 La bruja Maruja, Pablín y Pablón

La bruja Maruja del planeta Purpurina tiene dos buenos amigos, Pablín y Pablón. El mundo de las brujas es muy divertido. Muchas noches, los tres amigos no pueden dormir y entonces empiezan a cambiar cosas. Convierten a los perros en gatos, las farmacias en heladerías, los libros en videojuegos…
Para divertirse, la bruja Maruja ha convertido a Pablín y Pablón en ratones. Y ellos, muy enfadados, han convertido a su amiga en profesora de un colegio en la Tierra porque saben que a ella no le gustan los niños. Así que la bruja trabaja ahora en el colegio García Lorca de Madrid y los ratones Pablín y Pablón viven en una jaula en el laboratorio del colegio.
Los ratones y la profesora ya han pasado tres meses en la Tierra.

1 **una bruja** eine Hexe – 4 **dormir (-ue-)** schlafen – 5 **cambiar** ändern – 5 **convertir (-ie-)** verwandeln – 8 **el ratón** die Maus – 9 **la Tierra** die Erde – 10 **el niño** das Kind – 12 **la jaula** der Käfig

Es viernes por la noche y están solos en el edificio. Están tomando un refresco en la sala de profesores y hablan sobre Purpurina.

—Echo de menos el olor a calcetín sucio de las calles —dice la bruja.

—Y yo —dice Pablín.

—Pues yo echo de menos a mi familia: a mis padres, a mis hermanos y a la abuela Coca y sus sopas de tarántula azul —dice Pablón.

—Mmmmm, sopa de tarántula azul. ¿Por qué no comen algo tan rico en la Tierra? —pregunta la bruja.

—No saben vivir bien..., muchas galletas, tomates, queso, pero nada de sopa de tarántulas —dice Pablín.

—Quiero volver a Purpurina —dice la bruja.

—¡Y yo! ¡Y yo! —dicen los ratones.

—¿No habéis intentado volver? —pregunta la bruja—. Pues yo lo he intentado, pero no puedo. Mis poderes no funcionan. ¡Qué desastre! ¡Ayy, qué hemos hecho!

—¿Tú has intentado volver a Purpurina sin nosotros? —dice Pablín enfadado.

—Eres muy mala —dice Pablón.

—Pues claro que soy mala. ¡Soy una bruja, no una princesa!

2 La caja de sorpresas

—Bueno, —dice la bruja... —he tenido una idea para volver. ¡Mirad!

Toma su móvil y lee:

---

3 **echar de menos** vermissen – 3 **el olor** der Geruch – 3 **sucio, -a** schmutzig – 3 **decir (digo, dices, dice, decimos, decís, dicen)** sagen – 7 **la sopa** die Suppe – 15 **intentar** versuchen – 15 **volver (-ue-)** zurückkehren – 16 **los poderes** *hier:* die Zauberkräfte – 18 **sin** ohne – 20 **malo, -a** ↔ bueno.

La caja de sorpresas

¿Sabes mucho? ¿Quieres ganar **la caja de sorpresas?**
¡Entonces juega con nosotros y participa en el concurso!

El nuevo show empieza el miércoles **23 de octubre**.
Todos los días a las **21:00** h en **Canal 2**.

La caja de sorpresas - el súper evento del año.
El concurso con el mejor premio de la televisión española.

¡¡No te lo pierdas!!

—Yo voy a participar. Quiero ganar la caja de sorpresas. Y con el premio voy a volver a Purpurina.

—¿Tú crees que con el premio puedes volver? —pregunta Pablín.

—No sé, pero seguramente el premio es mucho dinero y con dinero puedes hacer todo.

—Es verdad. En la Tierra compran todo con dinero. Pero eso no es justo. Tú eres profesora y las profesoras saben mucho, pero… ¿y nosotros? —dice Pablín enfadado.

—Sí, es verdad. Unos ratones no pueden ir a un programa de la tele. Así que no vamos a ganar y no vamos a poder volver a Purpurina —contesta Pablón triste.

—Ja, ja, jaaa, ¡¡lo siento, ratones!! —dice la bruja.

—¿Por qué no nos conviertes en personas otra vez?

—Venga… ¡Tú puedes ser buena! —dice Pablín.

—¡¡Ahhhhh!! Que yo no soy buena. ¡¡Soy una bruuuuja!!

—Por favor, por favor —dice Pablón.

—Bueno…, pero solo porque sois mis amigos. Además, es un rollo tener que hablar siempre con dos ratones —dice la bruja.

2 **ganar** gewinnen – 3 **el concurso** *hier:* das Quiz – 7 **el premio** der Preis, der Gewinn – 8 **No te lo pierdas.** Verpass das nicht – 13 **el dinero** das Geld – 16 **justo, -a** gerecht – 20 **triste** traurig – 23 **venga** komm schon

Toma su varita y mira a los chicos. Entonces dice:
—Ratones, ratoncitos... ahora sois unos jovencitos.

3 Estrellita

Ya es miércoles. Hoy empieza el programa *La caja de sorpresas*. La bruja Maruja y sus dos amigos están en una sala muy grande. Hay mucha gente. Todos quieren participar en el concurso. La bruja, Pablín y Pablón miran a Estrellita, la presentadora.
—¡Qué ojos! —dice Pablín.
—¡Y qué sonrisa! —dice Pablón.
—¡Qué presumida! —critica la bruja.
Estrellita saluda al público y explica las reglas:
—Hola y bienvenidos a la fase 1 de *La caja de sorpresas*. Hoy solo tenemos tres preguntas. Son fáciles, pero hay que contestar rápidamente porque solo van a pasar a la fase 2 las cien primeras personas con las respuestas correctas.
¿Todos listos? Entonces empezamos. A ver... Las primeras preguntas son...

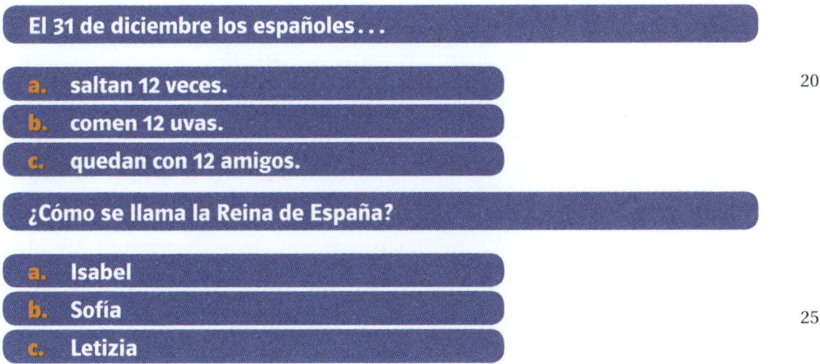

1 **la varita** der Zauberstock – 2 **un jovencito** ein Jugendlicher, ein junger Mann – 6 **la gente** die Leute – 7 **la presentadora** die Moderatorin – 9 **el ojo** das Auge – 10 **la sonrisa** das Lächeln – 17 **listo, - a** bereit – 20 **saltar** springen, hüpfen

¿Qué apellidos tienen los españoles?

a. el primero del padre y de la madre
b. el primero del padre y el segundo de la madre
c. el del padre

—¡¡Yuhuuuuu!! ¡Qué fácil! ¡Correcto! ¡Soy el número 79! ¡Puedo participar en el concurso! —grita la bruja.
—¡Y nosotros! ¡Números 81 y 85! —gritan Pablín y Pablón.

El programa ya ha terminado. Pablín está delante de una puerta con una estrella muy grande. Nervioso llama a la puerta. Estrellita abre la puerta. La habitación no es muy grande. Hay regalos en la mesa y fotos en las paredes.
—¿Pablín? ¡Qué sorpresa! —dice Estrellita.
—¿Estrellita? Eres tú, ¿verdad? ¡No me lo puedo creer! ¡Has cambiado mucho!
—¡¡Pssss, habla bajito!!... ¿Qué haces aquí? —dice Estrellita.
Pablín le explica cómo ha venido a la Tierra. —Pero quiero volver a Purpurina. La Tierra no me gusta. ¿Y tú?
—Este es mi tercer año en la Tierra. Mis padres trabajan para los servicios secretos. Nadie puede saber de dónde vengo —dice bajito Estrellita.
—Pero… tú eres muy famosa aquí, ¿verdad?
—Sí, a mis padres no les gusta mi trabajo, pero a mí sí. Creo que aquí soy bastante exótica. Solo yo tengo los ojos de color blanco purpurina y una voz tan graciosa. ¡Soy la presentadora perfecta!
—Es verdad, todas las chicas tienen los ojos marrones, verdes o azules. ¡Qué rollo! Bueno, tengo que ir a buscar a Pablón.
—¿Pablón está aquí también? —pregunta Estrellita.

---

6 **gritar** schreien – 8 **terminar** enden – 9 **la estrella** der Stern – 9 **llamar a la puerta** anklopfen – 14 **cambiar** sich verändern – 18 **tercer** dritte, r, s – 19 **los servicios secretos** der Geheimdienst – 23 **bastante** ziemlich – 24 **la voz** die Stimme – 24 **gracioso, -a** anmutig, bezaubernd

—Sí, pero seguro que no tiene ni idea de que tú eres tú. ¡Es un despistado! Necesito tu ayuda para ganar el concurso —dice Pablín.
—No.
—¿No? ¿Por qué?
—¡Por todas las veces que me has tomado el pelo! ¡Adiós, Pablín!

4 Fase 2

La bruja Maruja, Pablín y Pablón están en la fase 2 de *La caja de sorpresas*.
Estrellita empieza a hablar con su voz graciosa:
—Señoras y señores… bienvenidos a la fase 2 de *La caja de sorpresas*. Ya solo tenemos a los cien concursantes que han contestado más rápido. Y la primera pregunta de hoy es:

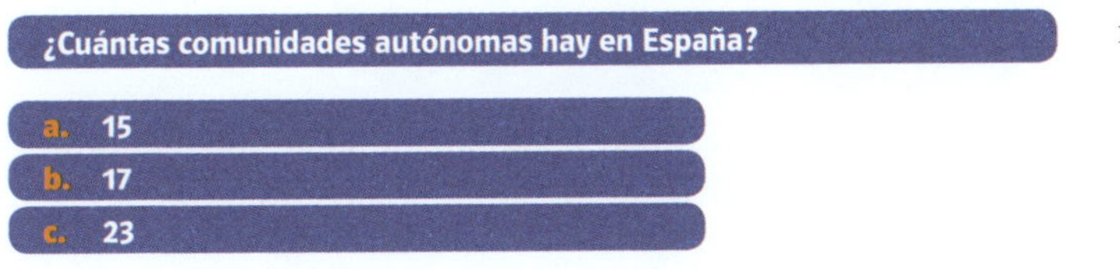

—Ufff… no sé. ¡Ni idea! Tengo que acertar o mis alumnos van a explotar de la risa. Pablín, ¡ayuda! —dice la bruja en voz baja.
—Je, je… Vas a perder. Yo sé la respuesta —dice Pablín.
—¡Y yo! —dice Pablón también en voz baja.
—Necesito vuestra ayuda, no puedo perder. ¿Qué queréis a cambio? —pregunta la bruja.
—Queremos que… lleves un grano grande en la cara el resto del programa —dice Pablín.

---

2 **despistado, -a** zerstreut, schusselig – 15 **la comunidad autónoma** die Autonome Region (*entspricht in etwa einem Bundesland in Deutschland*) – 19 **acertar (-ie-)** contestar bien – 20 **en voz baja** leise – 21 **perder (-ie-)** verlieren – 24 **a cambio** dafür, als Gegenleistung – 25 **el grano** der Pickel – 25 **la cara** das Gesicht

—¿¿Qué?? Sabéis que mis amigos y todos mis alumnos están viendo la tele.
—Tú decides… Quieres la respuesta, pues grano —dice Pablín.
—Vale, vale… grano.

¿Qué fiesta celebramos el 28 de diciembre?

a. **El cuarto día de Navidad**
b. **El día de los que no tienen regalo**
c. **El día de los Inocentes**

—Muy fácil… Es nuestro día favorito. ¡Qué divertido! —dice Pablón.
—Yo también sé la respuesta —dice la bruja con el grano muy grande y feo.

¿Cuál es la capital de Uruguay?

a. **Montevideo**
b. **Lima**
c. **La Paz**

—Otra de geografía… ¡Muy fácil! —gritan Pablín y Pablón.
—Pero… ¡Qué empollones! ¿Cómo sabéis tanto de geografía? —pregunta Maruja.
—¿Has olvidado que el mapa del mundo y el de España están en la pared del laboratorio, enfrente de la jaula de los ratones? —pregunta Pablín.
—¡Tres meses de ver los mapas! —grita Pablón.
—Necesito vuestra ayuda otra vez… —dice la bruja.
—Solo tienes que tirarte un pedo —dice Pablón.
—Ufff, sois unos monstruos. No puedo volver a clase y tampoco ir por la calle. ¡Qué vergüenza! —dice Maruja.
La bruja se tira un pedo, Estrellita mira enfadada a Maruja y Pablín y Pablón explotan de la risa.

---

6 **cuarto, -a** vierte, r, s – 17 **otro, -a** ein,e andere, r, s; *hier:* noch eine, r, s – 18 **tanto** so viel – 20 **olvidar** vergessen – 20 **el mapa del mundo** die Weltkarte – 25 **tirarse un pedo** einen fahren lassen – 27 **qué vergüenza** wie peinlich

5 Sorpresa en la cafetería

Después del programa, la bruja toma un refresco en una cafetería cerca del edificio de la televisión. Viene un hombre con una camisa, una chaqueta y pantalones muy elegantes y una barba muy larga. La bruja ve con sorpresa que es el mago Potago, un mago muy importante de Purpurina. Está muy enfadado.

—¿Potago? ¿Qué haces aquí? —pregunta la bruja.

—He venido para acabar con vuestras tonterías. No me lo puedo creer: Primero venís a la Tierra convertidos en profesora y ratones, y ahora estáis en un programa de la tele. Tú te tiras un pedo y Pablín y Pablón explotan de la risa. ¡Basta ya! —dice el mago Potago—. Sé que queréis volver a Purpurina, ¡pero así no! Tenéis que mejorar mucho para volver. Quiero hablar también con Pablín y Pablón. ¿Cuándo vienen?

—No sé… Siempre llegan tarde.

Cinco minutos más tarde Pablín y Pablón, muy contentos, entran en la cafetería.

—Venid. Tengo que hablar con vosotros —dice el mago Potago.

—Lo siento, tengo prisa. He quedado con la presentadora y no quiero llegar tarde —dice Pablón.

—¿Con Estrellita? —pregunta con sorpresa Pablín.

—Sí, con ella. ¡Menudo cambio! De patito feo a princesa! ¡Qué tiempos aquellos!, ¿verdad? —dice Pablón.

—¿Cómo? Tú sabes que ella es ella… —dice Pablín.

—Sí, claro y somos novios otra vez. ¡Es genial! —dice Pablón.

—¿Otra vez? ¿Cómo que «otra vez»? —pregunta Pablín.

—¿Novios? ¿Cómo que novios? Ser novio de la presentadora… ¡Eso es ilegal! —grita la bruja.

---

3 **el hombre** der Mann – 5 **la barba** der Bart – 5 **el mago** der Zauberer – 9 **acabar con** Schluss machen mit – 14 **mejorar** besser werden – 17 **contento, -a** zufrieden – 18 **entrar** hereinkommen – 20 **tener prisa** es eilig haben – 23 **menudo…** was für ein… – 23 **el patito feo** das hässliche Entlein – 26 **el novio, la novia** der feste Freund, die feste Freundin

—¡Seguro que es ilegal! —dice Pablín.
—No, no es nada malo… Es solo amor —contesta Pablón.
—Tú solo quieres ganar —protesta la bruja.
—¡Eso no es justo! —grita enfadado Pablín.
—Bueno… adiós. ¡Voy a por mi chica!
—¡Qué horror! —dice el mago Potago—. No puedo con vosotros. ¡Siempre con vuestras peleas!

6 Maruja tiene un problema

Maruja vive en una casa pequeña que es un desastre. La bruja tiene libros de magia y calcetines sucios por toda la casa. Son las 12 de la noche. Pablín y Pablón entran en la casa de la bruja Maruja. Ella duerme y los chicos cambian todos los relojes de las 24:00 a las 22:00 horas. Los dos amigos salen en silencio y piensan que la bruja va a llegar tarde al programa y va a perder.

Ya es por la mañana, pero la bruja todavía duerme cuando el mago Potago llama a la puerta:
—Rápido, Maruja, todos preguntan por ti en el plató. En diez minutos empieza la grabación del programa.
—¿Cómo? ¡No! ¡Mira el reloj! —dice la bruja.
—¡Todos tus relojes van mal! Creo que esto es cosa de Pablín y Pablón… ¡Vamos ya! —dice Potago.
—Pero… ¿en pijama? ¡Y mira qué pelos! ¡Qué horror! —protesta la bruja.
—Sí. No hay otra opción.

---

7 **las peleas** die Streitigkeiten – 12 **el reloj** die Uhr – 14 **pensar (-ie-)** denken – 16 **todavía** noch – 18 **el plató** das Set, die Bühne – 19 **la grabación** die Aufzeichnung – 23 **los pelos** die Haare

7 Fase 3

Maruja lleva pelos de loca y un pijama rosa con flores. Pablín y Pablón explotan de la risa. Estrellita mira a Maruja enfadada y Paula, que está al lado de la bruja, piensa que en ese programa hay personas muy raras.
El programa empieza y el público aplaude.

—Aquí están las diez personas que han contestado bien a las preguntas de la fase 2. Vamos a conocer a algunos de nuestros concursantes de la fase 3… —dice Estrellita—. Con nosotros tenemos a Carlos, un ingeniero de Barcelona, Olga, una secretaria de Dirección de Santander y a cuatro estudiantes de Historia de la Universidad de Valencia. También tenemos a Maruja, una profesora del colegio García Lorca de Madrid. El hobby de esta profesora es salir por la noche a cazar murciélagos.

—Je, je… ¡Qué horror! ¡Qué hobby más raro! —dice la presentadora—. ¿De verdad te gustan los murciélagos?

—Solo a la plancha —contesta Maruja.

—Bueno… Eres una profesora muy graciosa, Maruja —dice la presentadora.

—Además, tenemos con nosotros a Paula, de solo 13 años. Es alumna del colegio Cervantes de Valladolid. A Paula le gusta leer, jugar al tenis y salir con sus amigas. Y por último vamos a conocer a los gemelos Pablín y Pablón.

Pablín y Pablón juegan al baloncesto y saben mucho sobre geografía y química. Con el premio quieren hacer un viaje muy largo.

—Y las preguntas de hoy son: —dice Estrellita.

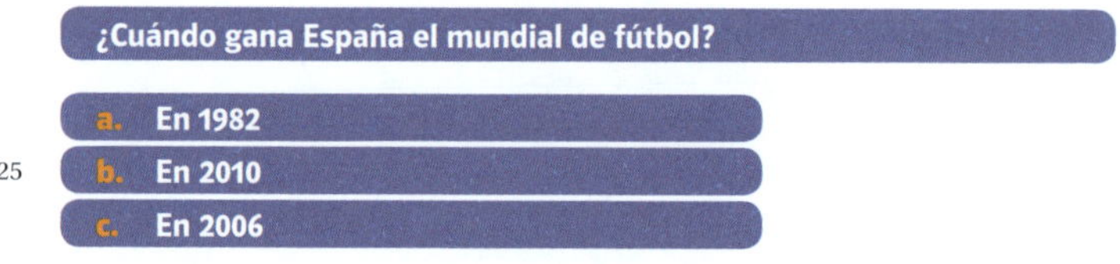

2 **conocer** kennen(lernen) – 8 **cazar** jagen – 8 **el murciélago** die Fledermaus – 12 **a la plancha** gegrillt – 18 **los gemelos** die Zwillinge – 19 **el baloncesto** Basketball – 20 **el viaje** die Reise – 23 **el mundial** die Weltmeisterschaft

¿Qué equipo no juega en la liga de fútbol española?

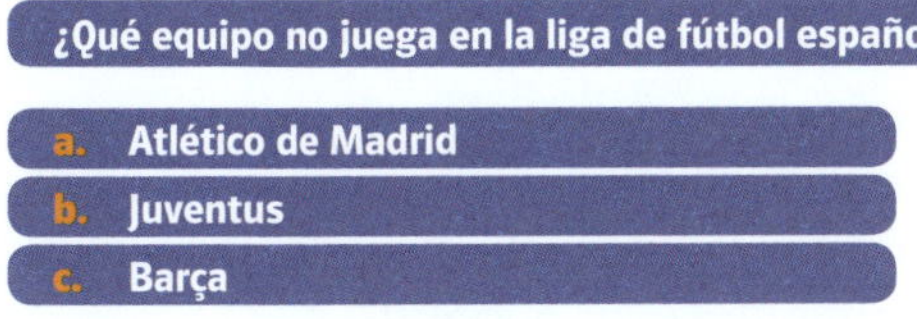

Paula, Pablín y Pablón saben mucho sobre deportes y aciertan las respuestas muy rápido.

—¡Oh no… deportes! —dice en voz baja la bruja.

Pablín y Pablón saben que la bruja no tiene ni idea de fútbol y miran a Maruja con una sonrisa.

—Paula… —dice la bruja en voz baja—. Mira en el suelo. ¡Tu pendiente!

Paula busca el pendiente por el suelo y la bruja mira las respuestas de Paula.

—¡¡¡Maruja, Paula!!! ¡No podéis hablar! —dice la presentadora enfadada.

—Es que mi pendiente está en el suelo… ¡Y es muy caro!

—Ay…, vale. Toma tu pendiente, que es verdad que es muy bonito. Pero no podéis hablar, chicas —dice Estrellita.

Pablín y Pablón miran enfadados a la bruja.

Los concursantes contestan muchas preguntas más. Finalmente Estrellita dice:

—Y la última pregunta de nuestro programa de hoy es de solo dos opciones.

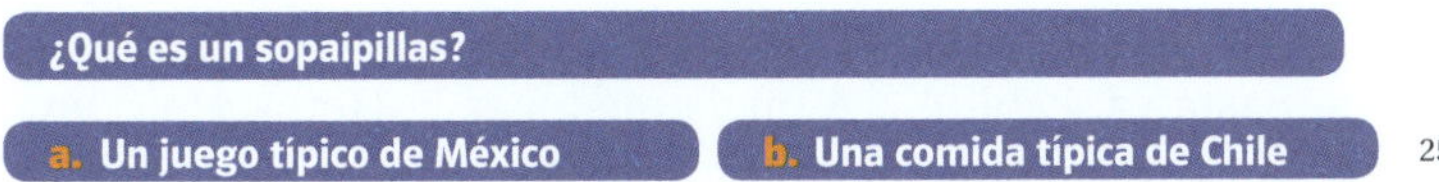

Es una pregunta muy difícil. Paula sabe la respuesta porque su abuelo vive en Chile y ella sabe mucho sobre ese país. Pablón no está seguro de la respuesta y mira a Estrellita para pedir ayuda. Entonces Estrellita guiña su ojo derecho. Pablín

1 **el equipo** die Mannschaft – 11 **el pendiente** der Ohrring – 16 **caro, -a** teuer – 29 **pedir (-i-)** bitten um – 29 **guiñar el ojo** zwinkern

ve a Estrellita y piensa que Estrellita está ayudando a Pablón. Entonces elige la respuesta de la derecha.
Pablón solo piensa que Estrellita es preciosa y que tiene unos ojos blanco purpurina muy bonitos. Pero no entiende por qué guiña el ojo en un momento tan importante.
Estrellita mira a Pablón otra vez y se toca detrás de la oreja derecha. Entonces la bruja cree que Estrellita está ayudando a Pablón. Por eso elige también la respuesta de la derecha.
Pablón solo piensa que su novia tiene piojos y que seguramente él también tiene piojos ahora y que todo esto es horrible porque no sabe la respuesta y, además, tiene piojos.
Estrellita solo piensa que su novio es tonto, pero que es un tonto muy especial.
Ya no hay más tiempo. De los diez concursantes solo Paula, Pablín y Maruja pasan a la fase 4.

—Ja, ja, ja... Pablón. Tu novia te va a reñir —dice la bruja.
—¿Pero... habéis visto? ¿Por qué nunca ayuda? Pasa completamente de mí. ¡Que soy su novio! Es una presentadora demasiado estricta —dice Pablón.
—¡Pero ella ha intentado ayudarte! Te ha señalado que la respuesta derecha es la buena. Yo lo he visto y creo que Maruja también. Así que nosotros hemos contestado bien. Pero tú solo la has mirado y no has entendido nada. Lo siento, Pablón. Creo que no vas a poder volver a Purpurina. Vas a estar en la Tierra por muchos muchos años... —dice Pablín.
—¡Basta ya, Pablín!... A mí ya me gusta la Tierra, voy a vivir aquí y voy a ser muy feliz con Estrellita.

2 **elegir (-i-)** (aus)wählen – 3 **precioso, -a** wunderschön – 4 **entender (-ie-)** verstehen – 6 **se toca** sie fasst sich an – 6 **la oreja** das Ohr – 9 **los piojos** die Läuse – 16 **reñir** schelten, schimpfen – 17 **nunca** nie – 27 **feliz** (*pl.* **felices**) glücklich

8 ¿Y si gana Paula?

Estrellita y Pablón quedan para ir a comer pizza. Parecen muy felices. Pablín y la bruja también salen a la calle. Los dos miran al cielo y ven Purpurina muy lejos.
—Creo que voy a ganar yo —dice la bruja—. En poco tiempo voy a estar allí.
—Pues vas a necesitar mucha suerte —dice Pablín.
—¿Por qué dices eso? —pregunta la bruja.
—Porque la última pregunta casi siempre es de geografía —contesta Pablín.
—¡¡Oh, no!! —grita la bruja.
—¡Vamos, Maruja! Voy a ganar gracias a ti. Por tu culpa sé tanta geografía…
—¡Pero… espera! ¿Y si gana Paula? —dice la bruja.
—¡Qué horror! ¡Claro! Tenemos que hacer algo… —contesta Pablín.
Pablín y Maruja piensan durante muchas horas planes para hacer perder a Paula.
—¡Ya sé! —dice Pablín—. ¡Un hechizo! Vamos a convertir el cerebro de Paula en el cerebro de una niña de tres años.
—¡Qué buena idea! Solo necesitamos mi varita, tres pelos de conejillo de Indias, un diente de tiburón y unas babas de burro —dice la bruja—. Yo voy a por mi varita y tú traes el resto, ¿vale?
—¡Pero Maruja! ¿Dónde voy a encontrar esas cosas raras? —protesta Pablín.
—Vamos, Pablín… tienes toda la noche —dice la bruja.

Los dos llegan a sus casas muy tarde y muy cansados.
Por la mañana hablan con Paula antes del programa.
—¡Qué cara de cansada, Paula! —dice Maruja.

---

1 **si** wenn – 2 **parecer** scheinen – 4 **el cielo** der Himmel – 12 **por tu culpa** deinetwegen, durch deine Schuld – 17 **durante muchas horas** stundenlang – 19 **el hechizo** der Zauber – 20 **el cerebro** das Gehirn – 22 **el diente** der Zahn – 22 **el tiburón** der Hai – 22 **la baba** die Spucke – 28 **cansado, -a** müde

—Uy sí. Creo que necesitas unas vitaminas —dice Pablín.
—¿De verdad? ¿Tengo mala cara? —pregunta Paula—. Pues tengo que salir guapa porque todos mis amigos están viendo la tele.
—Mira, he preparado un zumo con muchas vitaminas. Con este zumo vas a tener muy buena cara —dice la bruja.
—Bueno, pues muchas gracias —contesta Paula—. Pero ¿de qué es?
—De frutas, muchas frutas… —dice la bruja.
Paula bebe todo el zumo. —¡Qué rico! —dice.

9 Fase 4

Estrellita saluda al público y lee las primeras preguntas.

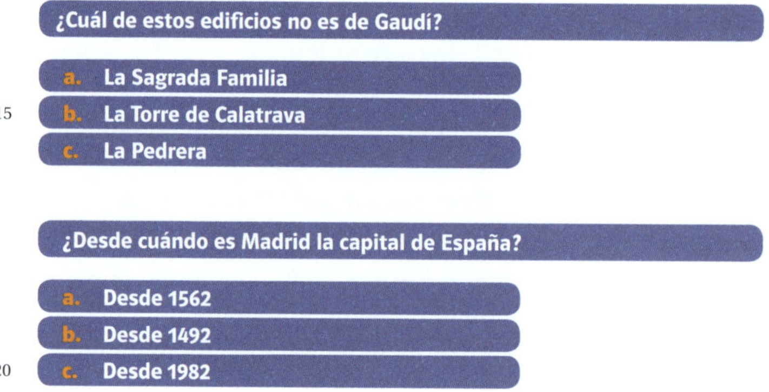

¿Cuál de estos edificios no es de Gaudí?

a. La Sagrada Familia
b. La Torre de Calatrava
c. La Pedrera

¿Desde cuándo es Madrid la capital de España?

a. Desde 1562
b. Desde 1492
c. Desde 1982

Estrellita mira con sorpresa a Paula y pregunta:
—Paula ¿qué pasa?
Maruja y Pablín piensan que el hechizo ya ha funcionado. Paula mira a la presentadora y dice:

---

2 **tener mala cara** schlecht aussehen – 3 **salir guapo, -a** gut aussehen, gut rüberkommen – 17 **desde cuándo** seit wann

—Nada, ya tengo mis respuestas.
—Ya pero… Tienes el pelo azul fosforescente —dice Estrellita asustada.
—¿Azul? —grita Paula.
Los cámaras paran de filmar.
—¡Ay! ¡No podemos trabajar! El pelo de la chica brilla demasiado. No podemos ver nada por la cámara. ¡Necesitamos un descanso!
—Uff, mi hechizo no ha funcionado… ¡Qué raro!
—Bueno… Es que no he encontrado diente de tiburón y he puesto diente de gato… —dice Pablín.
—¡Ay, Pablín! ¡Qué desastre! —grita la bruja.

En esos minutos de caos Pablín y Maruja miran y copian las respuestas de Paula.
Después del descanso Paula vuelve con un gorro. Así los cámaras pueden trabajar otra vez.
Paula mira a Pablín y a Maruja enfadada.

—El próximo tema es el universo —dice Estrellita.
—¡Bieeen! —dice Pablín.
—¡Genial! —dice la bruja.
Paula escucha a sus compañeros y otra vez piensa que son muy raros.
—Pues yo no sé mucho sobre este tema —dice Paula.
—¡Perfecto! —grita Pablín.
—Por cierto…, ¿tienes sed? —pregunta la bruja—. Es que tenemos más zumo.
—¡Sois muy malos! —dice Paula enfadada.

---

3 **asustado, -a** erschrocken – 5 **el cámara** der Kameramann – 5 **parar de hacer algo** aufhören etwas zu tun – 6 **brillar** glänzen – 8 **el descanso** die Pause – 10 **encontrar (-ue-)** finden – 15 **el gorro** die Mütze – 21 **el compañero** der Kollege, der Kamerad – 25 **por cierto** übrigens – 25 **la sed** der Durst

¿Cuántos kilómetros recorre la Tierra en un segundo?

a. 30 kilómetros
b. 300 kilómetros
c. 330 kilómetros

¡Correcto, concursantes! —dice Estrellita.

—Pablín, esta Paula sabe mucho —dice la bruja preocupada.

¿Cuántas horas tiene un día en Júpiter?

a. 24 horas
b. 12 horas
c. 10 horas

La bruja y Pablín aciertan, pero Paula no.

—¡Ohhh! Te voy a echar de menos, pequeña —dice la bruja con una sonrisa.

—¡Sois muy raros! —dice Paula.

—Je, je… tú y yo en la final —dice Pablín.

—La final va a ser divertida —dice Maruja.

—Nada de trucos en la final, Maruja —dice Pablín.

—¿Por qué? ¿Tienes miedo? —pregunta la bruja.

—¿Miedo yo?… Pero por favor, Maruja… ¡Qué graciosa eres! —contesta Pablín.

1 **recorrer** zurücklegen – 6 **preocupado, -a** beunruhigt – 7 **la hora** die Stunde – 17 **el truco** der Trick – 18 **el miedo** die Angst

10 La final

—Bueno, pues bienvenidos a nuestro último programa de *La caja de sorpresas* —dice Estrellita.

Pablín y la bruja Maruja, muy nerviosos, esperan ganar. Los dos aciertan todas las preguntas. Entonces Estrellita lee la pregunta extra, la última pregunta del programa:

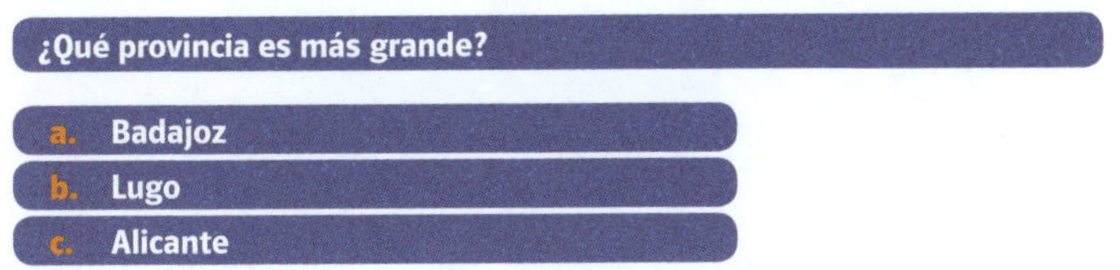

Pablín sonríe porque es una pregunta de geografía. La bruja Maruja también sonríe porque ella tiene el mando de elegir respuestas de Pablín y Pablín tiene el mando de respuestas de la bruja, pero él no sabe esto. Así que la respuesta que elige Pablín aparece como la respuesta de Maruja en la pantalla.

Pablín ve las respuestas en la pantalla muy enfadado.

—¡No es justo! —grita Pablín, pero nadie escucha, porque el público aplaude.

La bruja Maruja, muy contenta, va a recibir su caja de sorpresas. Es una caja muy grande y dentro de esta hay una más pequeña y dentro de esta, otra más pequeña, y así hasta siete veces. Por fin abre la última caja, la del premio.

—Uy… una pelota de fútbol —dice la bruja.

—Vamos, Maruja, no es una pelota normal —dice la presentadora.

—Ya, ya veo… es blanca y tiene tres círculos de muchos colores y, además, muchos garabatos, muy original —dice la bruja.

—Sí. Es preciosa… Hay mucha gente que quiere tener esta pelota ¡y ahora la tienes tú! —dice la presentadora.

---

11 **sonreír** lächeln – 12 **el mando** die Fernbedienung – 15 **aparecer** erscheinen – 15 **la pantalla** der Bildschirm – 19 **recibir** bekommen – 20 **dentro** darin – 23 **la pelota** der Ball – 26 **el círculo** der Kreis – 27 **el garabato** das Gekritzel

La caja de sorpresas
La caja de sorpresas
caja de sorpresas

Maruja está decepcionada. No necesita una pelota. Con este premio no va a poder volver a Purpurina. Entonces decide regalar la pelota al colegio.
Maruja va cerca de las cámaras y dice con una sonrisa:
—¡Quiero regalar esta preciosa pelota al colegio García Lorca de Madrid!
Todo el público está de pie y aplaude. Maruja no entiende por qué.
—Queridos espectadores. La ganadora Maruja regala su premio, la pelota de la final del Mundial de fútbol con las firmas de todo el equipo nacional, al colegio donde trabaja. ¡Qué suerte para el colegio! —dice Estrellita.
El público grita: —¡Maruja! ¡Maruja! ¡Qué buena eres!
Ahora Maruja entiende que la pelota es muy valiosa. Pero es demasiado tarde. Sale muy enfadada del programa.

El mago Potago espera a Maruja en la puerta de su casa.
—He venido porque te quiero decir que puedes volver a Purpurina.
—Porque he sido tan buena… ¿verdad? —dice la bruja.
—Vamos, Maruja, sé cómo eres y sé que no has regalado la pelota por buena. Pero creo que algo has mejorado y ya ha llegado tu momento de volver.
—Gracias, Potago —contesta la bruja con sorpresa.
—Pablín va a ir también contigo a Purpurina —contesta Potago.
—Pero… ¿por qué? —protesta la bruja— . Pero si él no es nada bueno, no ha mejorado… De verdad, es muy malo.
—Lo sé… —contesta Potago.
—Pero entonces… —protesta la bruja.
—¡Nada de peros! —dice Potago— . Pablín va contigo y ya está. No puedo más con él. Quiero a Pablín lejos de aquí.

---

1 **estar decepcionado, -a** enttäuscht sein – 7 **estar de pie** stehen – 10 **la firma** die Unterschrift – 14 **valioso, -a** wertvoll – 24 **contigo** mit dir

11 Viaje de vuelta y vuelta

En la nave espacial.

—¡Mira, Pablín! ¡Allí lejos! Es Purpurina… —dice la bruja contenta.

—¡Qué planeta más bonito! ¡Cómo brilla! —dice Pablín.

—¡Ya noto el olor a calcetín sucio! —dice la bruja.

—Pues yo noto un olor como a motor quemado —contesta Pablín.

Mec, mec, mec…

Pablín y Maruja escuchan una alarma en la nave.

—Señoras y señores —dice el piloto de la nave—. Tenemos un problema muy serio en el motor. Volvemos a la Tierra…

---

1 **el viaje de vuelta** die Rückfahrt, der Rückflug – 1 **la vuelta** die Rückkehr – 2 **la nave espacial** das Raumschiff – 6 **notar** bemerken – 7 **quemado, -a** verbrannt – 12 **serio, -a** ernst

Das *pretérito perfecto*

In der Lektüre kommt eine neue Zeitform der Verben vor, das *pretérito perfecto*. Es wird verwendet, um über Ereignisse in der Vergangenheit zu sprechen,

- die Auswirkungen auf die Gegenwart haben: *La bruja ha convertido a Pablín y Pablón en ratones.*
- die noch nicht abgeschlossen sind: *Los amigos ya han pasado tres meses en la Tierra.*
- die in einem Zeitraum stattfinden, der noch nicht abgeschlossen ist: *Hoy han tenido una idea para volver.*

Sieh dir die folgende Tabelle an und vervollständige dann die Regel für die Bildung des *pretérito perfecto*.

(yo)	he	
(tú)	has	tom**ado**
(él / ella)	ha	com**ido**
(nosotros / -as)	hemos	viv**ido**
(vosotros / -as)	habéis	
(ellos / ellas)	han	

Die Formen des *pretérito perfecto* bestehen aus ___________

Teilen. Den ersten Teil bilden die Formen des Hilfsverbs *haber*

(he, has, _______________________________________).

Der zweite Teil, das *participio pasado*, wird gebildet, indem an

den Stamm der Verben (= der Infinitiv ohne die Endung *-ar, -er*

oder *-ir*) die Endung ____________ (für die Verben auf *-ar*) bzw.

-ido (für die Verben auf __________________) angehängt

werden.

Es gibt auch unregelmäßige Partizipien, z. B.

hacer → hecho poner → puesto	ser → sido ver → visto

1. Bilde die Partizipien der folgenden Verben:

pasar ____________________ mirar ____________________

venir ____________________ llegar ____________________

contestar ____________________ preferir ____________________

sorprender ____________________ tener ____________________

2. Completa el siguiente texto con la forma correcta del *pretérito perfecto*.

La bruja Maruja, Pablín y Pablón ya ____________________ **(pasar)** tres meses en la Tierra y no ____________________ **(poder)** volver a su planeta. Esos meses la bruja ____________________ **(trabajar)** en un colegio. Pablín y Pablón ____________________ **(vivir)** en una jaula porque son ratones.

—Ay, ¿por qué ____________________ **(convertir – yo)** a Pablín y Pablón en ratones? —pregunta la bruja—. ¡Todo ____________________ **(ser)** un desastre!

1 La bruja Maruja, Pablín y Pablón

Escribe estas ideas en la columna correcta. Cuidado: también las dos pueden ser correctas.

ser ratones • ser ahora una profesora • vivir en una jaula • pasar tres meses en la Tierra • querer volver a Purpurina • intentar volver a Purpurina • ser mala • sus poderes no funcionan

la bruja Maruja	Pablín y Pablón

2 La caja de sorpresas

Marca si las siguientes frases sobre el capítulo son verdaderas (V) o falsas (F).

	V	F
1. *La caja de sorpresas* es un programa con animales.		
2. La bruja quiere participar en un concurso.		
3. El premio es un viaje *(Reise)* a Purpurina.		
4. Los ratones no pueden ganar el premio.		
5. La bruja convierte a los ratones en personas.		

3 Estrellita

1. Elige la opción correcta. (Puede ser más de una).

a) En la fase 1 del concurso
- ☐ hay muchas preguntas.
- ☐ hay tres preguntas fáciles.
- ☐ hay tres preguntas, pero muy difíciles.

b) A la fase 2 pasan
- ☐ 100 personas.
- ☐ todas las personas que contestan bien.
- ☐ la bruja Maruja, Pablín y Pablón.

c) Pablín
- ☐ visita a Estrellita.
- ☐ ya conoce *(kennt)* a Estrellita de antes.
- ☐ ha tomado el pelo a Estrellita muchas veces.

2. Escribe un pequeño texto sobre Estrellita: quién es, de dónde viene, cómo es y qué hace ahora.

4 Fase 2

Escribe las palabras correspondientes en español en el crucigrama de la página 29.

1	Preis, Gewinn	2	gewinnen
3	Finale	4	verlieren
5	Quiz	6	spielen
7	teilnehmen	8	Kamera
9	richtig antworten	10	Antwort

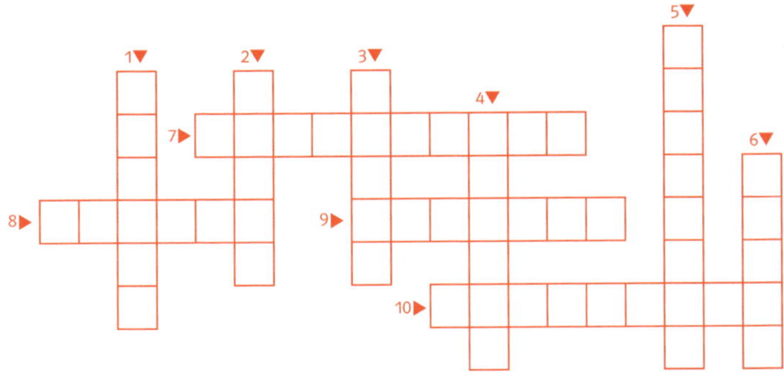

5 Sorpresa en la cafetería

Escribe quién se siente *(sich fühlt)* así. (Puede ser más de una persona y más de una frase puede ser verdad para una persona.)

contento porque Estrellita es ahora su novia	______________________
enfadados porque creen que un concursante no puede ser novio de la presentadora	______________________
enfadado porque Maruja, Pablín y Pablón hacen tonterías en la Tierra	______________________
soprendido porque su hermano también ha reconocido *(wiedererkannt)* a Estrellita	______________________
enfadado porque siempre hay peleas	______________________

6 En casa de Maruja

Relaciona la hora con lo que pasa en ese momento.

Maruja duerme.

El mago Potago llama a la puerta de Maruja.

Los relojes de Maruja tienen las 22:15.

Pablín y Pablón están en casa de Maruja.

El programa empieza.

7 Fase 3

1. Explica...
   a) quiénes han pasado a la fase 3 del concurso.
   b) por qué Pablín y Pablón explotan de la risa cuando ven a Maruja.
   c) cómo puede Maruja contestar las preguntas de deporte.
   d) por qué Pablón no acierta la última pregunta.
   e) quiénes pasan a la fase 4.

2. Imagina la carta que Pablón le escribe a la abuela Coca y en la que le explica por qué está en la Tierra y no quiere volver a Purpurina.

3. A Pablón le gusta la sopa de tarántula azul, a la bruja Maruja le gustan los murciélagos a la plancha. ¿Qué más les puede gustar? Escribe un menú *(Speisekarte)* de un restaurante del planeta Purpurina. Puedes también dibujar los platos *(Gerichte)*.

8 ¿Y si gana Paula?

1. Completa estas frases.

   a) Pablín cree que Maruja no ______________________

   b) También Paula ______________________

   c) Con un hechizo Maruja y Pablín ______________________

   ____

   d) Paula bebe el zumo del hechizo porque ______________________

   ____

2. Marca qué necesitan Maruja y Pablín para el hechizo.

   - ☐ el libro de magia
   - ☐ la varita de la bruja
   - ☐ saber cuándo es el cumpleaños de Paula
   - ☐ un diente de gato
   - ☐ vitaminas
   - ☐ 3 pelos de conejillo de Indias
   - ☐ unas babas de burro

9 Fase 4

Marca para quién o quiénes son verdad estas frases.

	Maruja	Paula	Pablín
Tiene el pelo fosforescente.			
Lleva un gorro.			
Por su culpa el hechizo no ha funcionado.			
Le gusta el tema «El universo».			
Piensa que sus compañeros son muy malos.			
Acierta la 1.ª pregunta sobre el universo.			
Pasa a la final.			

10 La final

Forma frases que correspondan al capítulo.

Maruja gana el concurso	porque	tiene las firmas del equipo nacional.
Maruja está decepcionada		Maruja regala su premio al colegio.
La pelota del premio no es una pelota normal		todos creen que la respuesta de Pablín es su respuesta.
Maruja regala la pelota al colegio		el mago Potago no lo quiere más en España.
El público aplaude		el premio del concurso es una pelota.
Maruja puede volver a Purpurina		ha mejorado.
Pablín va a volver a Purpurina		porque no sabe que es valiosa.

11 Viaje de vuelta y vuelta

Explica el título del capítulo.

Sobre todo el libro

Elige una de estas tareas:

a) ¿Te ha gustado el libro? ¿Por qué (no)?

b) Dibuja tu escena favorita.

c) Inventa un final diferente. Puedes cambiar el último capítulo o antes, si quieres.